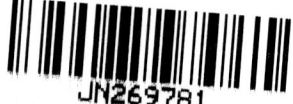

ストウブだからおいしい野菜のレシピ

ワタナベ マキ

はじめに

　数年前にストウブに出会ったときの感動を、今でもよく覚えています。ストウブでいつもと同じように料理を作ったのですが、ふたを開けて味見をしたときのおいしさは、忘れられません。

　最近ではいろいろな料理店で使われたり、手軽に購入できるようになって、たくさんの方がストウブでおいしい料理を食べることができるようになりました。ストウブのよさをより身近に感じられるようになったのは、とてもうれしいことです。

　今では、日々の料理にかかせない存在になったストウブ。我が家では毎朝、ストウブに季節の野菜を入れて、塩とオリーブオイルを加えて蒸し焼きにして食べます。野菜の水分を利用してぎゅっとそれを閉じ込め、何倍にも野菜をみずみずしくおいしくさせてくれます。

　この本では、そのような野菜のシンプルな食べ方と、いつもと少しだけ違う食べ方をたくさんご紹介し、新たな野菜のおいしさをご提案しています。今まで食べきれずに冷蔵庫に置き忘れてしまいがちだった野菜も、ストウブで調理するとあっという間に食べられてしまうから不思議です。

　ぜひ、この本を活用して、日々の野菜料理のレパートリーを増やしていただけるとうれしいです。

ワタナベマキ

もくじ

は

ま

ら

◎ 鍋はストウブ社製「ピコ・ココット」ラウンド 18cm、20cm、オーバル23cmを使用しています。本書では「ピコ・ココット」を「ストウブ」と表記しています。
◎ この本で掲載している情報は、2013年9月現在のものです。鍋のサイズやカラーは変更される場合があります。
◎ 1カップは200mℓ、1合は180mℓ、大さじ1は15mℓ、小さじ1は5mℓです。
◎ レシピの分量は鍋の大きさに合わせて出していますので、少し多めの場合があります。
◎ 調理時間は目安です。お使いのストウブの大きさや食材の状態、火加減などにより仕上がりが変わることがありますので、様子をみながら加減してください。
◎ しょうゆは濃口しょうゆ、味噌は米麹味噌、砂糖は特に表記がない場合は上白糖を使用しています。

ストウブ調理の基本

ストウブで調理した野菜はどうしておいしくなるのでしょう。
それは、ストウブに野菜のおいしさを引き出す独自の加工がしてあるからです。
ストウブを使って、野菜をもっとおいしく調理しましょう。

1、蒸す

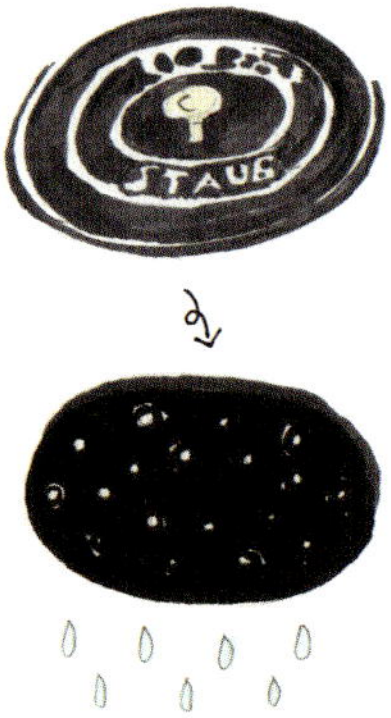

ストウブのふたの裏には「ピコ」と呼ばれる突起がついています。調理中に野菜から出た水蒸気がこのピコを伝わって食材にまんべんなくふり注ぐので、食材の旨みを逃がすことなく、最大限に引き出すことができます。水分が少なくてすむのはもちろん、野菜の甘みやおいしさを生かすので、調味料や油脂類も最低限ですみます。

野菜がおいしくなるポイント

水分を多く含む野菜は、水分を少し加えるだけで食材がもつ水分を生かして調理することができ、自然なおいしさを十分に味わうことができます。じゃがいもなどの根菜は、甘さが増し、ほくほくとした食感に蒸し上がります。短時間で仕上がり、ゆでるより簡単。しかも栄養も逃がしません。野菜を最もシンプルに味わえるので、最初に試してほしい調理法です。

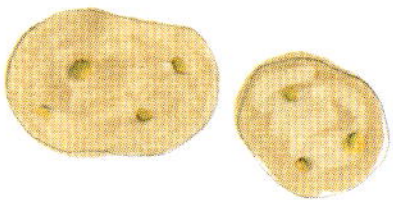

2、焼く

ストウブの内側には「黒マットエマイユ加工」が施されています。表面に細かな凹凸を作り、薄くエマイユ（ホーロー）加工を行っています。この凹凸のおかげで食材との接点が減り、焼きものも炒めものも焦げつきにくく、きれいに仕上がります。使い終わったら中性洗剤でさっと洗えば汚れが落ち、お手入れも簡単です。

野菜がおいしくなるポイント

この本では、野菜に軽く焼き色をつけたり炒めたりしてから、煮たり蒸したりするレシピを多く紹介しています。最初に焼き色をつけて香ばしさをプラスするのと同時に、野菜の旨みを閉じ込めて逃がさない役割も。ただ蒸すだけの調理とは、また違った野菜の魅力を味わうことができます。

3、煮る

ストウブは、熱伝導率の高い鋳鉄製の鍋です。熱の伝わりが早いだけでなく、食材に均一に伝わるので、ムラなく火を通すことができます。保温性にも優れているので、煮込み料理は最低限の加熱時間で作ることができ、火力も中火から弱火で十分です。火を止めて余熱でも十分に調理ができるのも、ストウブならではです。

野菜がおいしくなるポイント

保温性の高いストウブで野菜を煮ると、均一に火が通るため、中までふっくらと仕上がります。ふたをして煮ることで野菜から出た旨みが溶け込んだ水蒸気を逃がさず、さらにおいしくなります。加える水分も普通の鍋より少なくてすみ、加熱時間も短縮されるので、煮崩れしにくく、ほどよい歯ごたえも残ります。

4、揚げ焼き

保温性の高さ、焦げつきにくさ、水蒸気を逃がさないといったストウブの利点を最大限に生かすことができる調理法です。少量の油と野菜を入れてふたをして加熱すると、表面にはパリッとした焦げ目がつき、中は蒸されてほくっとやわらかくなります。ふたをするので油が飛び散らないのもよいところ。ふたを開けるとき、ふたについた水分が落ちて油がパチパチとはねるので、水平にさっとずらして中に水分が落ちないように気をつけましょう。

野菜がおいしくなるポイント

れんこんや長いもなどの根菜で、ぜひ試してほしい揚げ焼き。野菜のおいしさや甘みが引き出されるのはもちろん、揚げることで香ばしく、風味も増します。野菜に衣をつけて揚げても OK。衣の中に野菜の水分が閉じ込められ、驚くほどにジューシーな仕上がりになります。焦げつきにくいのもうれしいポイントです。

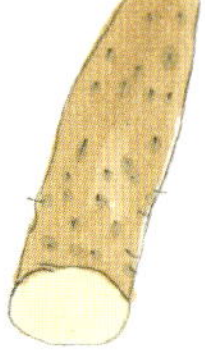

五十音順

野菜のレシピ

野菜をおいしく食べるためのレシピを、主役となる野菜の名前で五十音順に並べました。おうちにある野菜を使ってパパッとできるものから、肉や魚をプラスして作るボリュームのあるものまで。野菜のおいしさを存分に生かしたレシピです。

2色のアスパラガスのアンチョビ炒め

アスパラガスを、切らずにそのまま入れられるオーバル型を使って。
アスパラガスの旨みやアンチョビ、にんにくの香りがついた
水蒸気で、香り豊かに仕上げます。

材料（2人分）

アスパラガス（緑、白）
……各5本
アンチョビ……4フィレ
にんにく……1/2片
オリーブオイル……小さじ2
白ワイン……50mℓ
こしょう……少々
レモン……1/2個

つくり方

① アスパラガスは茎のかたい部分の皮をむく。アンチョビはみじん切りにする。にんにくはつぶす。
② ストウブにアンチョビ、にんにく、オリーブオイルを入れ、中火にかける。
③ 香りがたったら白いアスパラガスを入れ、白ワインを加えてふたをし、約8分加熱する。
④ 緑のアスパラガスを加えてふたをし、さらに約3分加熱する。こしょうをふり、レモンをしぼる。

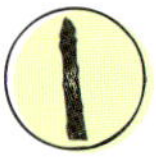

“アスパラガス”の話

春が旬のアスパラガス。緑と白は、どちらも同じ品種です。緑は日光を浴びて育つのに対し、白は土の中で育ち、日光に当たらないまま収穫されます。選ぶときは、どちらも茎が太くまっすぐに伸び、穂先がかたくしまっているものを選びましょう。冷蔵庫で保存するときは、ラップで包み、穂先を上にして立てておくと長持ちします。

STAUB
STAUB

枝豆の辛みしょうゆ漬け

熱伝導が抜群なストウブは、野菜のゆで時間も短くてすむのが魅力。
ほくほくの枝豆に、ほどよい塩けと辛さがからみます。
枝豆は熱いうちにしょうゆに漬け、しっかりと味をしみ込ませましょう。

材料（2人分）

枝豆（さやつき）…… 200 g
赤唐辛子 …… 1/2 本
塩 …… 小さじ 1
水 …… 300 mℓ
A
しょうゆ …… 大さじ 2
酢 …… 大さじ 1
てんさい糖（上白糖でも可） …… 小さじ 1
昆布（3 × 3 cm） …… 1 枚
水 …… 200 mℓ
塩 …… 小さじ 1/3

つくり方

① 枝豆はさやの先を少し切り落とし、塩小さじ 1 をまぶす。赤唐辛子は種を取り除き、小口切りにする。
② ストウブに分量の水を入れて中火にかけ、沸騰したら枝豆を入れ、約2分30秒加熱してざるにあげる。
③ 鍋に A、赤唐辛子を入れ、中火にかけてひと煮立ちさせる。
④ ③が熱いうちに②を加え、30分～ 1晩漬ける。

“枝豆”の話

枝豆は夏が旬。購入するときは、枝についているものがおすすめです。うぶ毛が青々として濃く、さやが密集しているものを選びましょう。さやだけのものを購入する場合は、さやの色が鮮やかで、ふっくらしているものがよいでしょう。どちらの場合も、茶色く変色しているものは避けましょう。

point

てんさい糖とは、「甜菜《てんさい》」という野菜の根を原材料にした砂糖です。まろやかな風味で、クセがあまりないのが特徴です。上白糖でも代用できますが、ベタッとした甘みになりがち。てんさい糖はまろやかで優しい甘みになるのでおすすめです。

オクラと干しえびの香味蒸し

ストウブならではの、さっと蒸す調理法で、オクラの甘みを引き出します。
加熱時間を短くして、シャキシャキとした食感を残しましょう。
短い時間で干しえびの旨みもまんべんなくいきわたります。

材料（2人分）

オクラ ····· 20本
干しえび ····· 20g
しょうが ····· 1/2片
赤唐辛子 ····· 1/2本
酒 ····· 大さじ2
ごま油 ····· 小さじ1
塩 ····· 小さじ1/2
白いりごま ····· 小さじ2

つくり方

① オクラは塩少々（分量外）で板ずりし、ガクを取り除く。
② 干しえびは酒につけてやわらかく戻し、粗くみじん切りにする。しょうがは千切りにする。赤唐辛子は種を取り除き、小口切りにする。
③ ストウブを中火で熱し、ごま油としょうがを入れる。
④ 香りがたったら①、干しえび、赤唐辛子を加えてさっと炒め、②の酒を加えてふたをし、約1分蒸す。
⑤ 器に盛り、塩と白いりごまをふる。

“オクラ”の話

オクラは、スーパーでは一年中見かけますが、夏が旬の野菜です。緑が鮮やかで、表面の白いうぶ毛がびっしりと生えそろっているのが新鮮な証拠。切り口やガクが黒く変色しているものは時間が経っているので避けましょう。

かぶの塩煮

小さめのかぶをまるごと、だしで煮てふっくらと仕上げます。
弱火でコトコト煮てかぶがやわらかくなったら、
火を止めて余熱で味をしっかりと含ませましょう。

材料（2人分）

かぶ（小）…… 10 ～ 13 個
水 …… 300 mℓ
昆布（5 × 5 cm）…… 1 枚
酒 …… 大さじ 1
塩 …… 小さじ 1

つくり方

① かぶは茎を少し残して葉を切り、茎の根元部分をよく洗う。
② ストウブに分量の水、昆布、酒を入れて中火にかける。
③ 沸騰したら弱火にし、①、塩を加えてふたをして約10分加熱し、火を止めてそのまま約5分おく。

point

かぶはやわらかいので、水から煮ると煮崩れてしまいます。歯ごたえと形を残すため、水が沸騰してから入れましょう。大きいかぶを使う場合は、4 個を 4 等分して使いましょう。

“かぶ”の話

かぶは一年中流通している野菜ですが、旬は11月～1月の寒い時期。甘みも増しておいしくなります。葉がシャキッとし、鮮やかな緑のものを選びましょう。根の色が真っ白であることも、新鮮なものを見分けるポイントです。

STAUB

かぼちゃとクレソンのサラダ

ストウブの得意技のひとつ、揚げ焼き。かぼちゃを薄切りにすることで
外はカリッと、中はほくほくに仕上がります。
さっぱりとサラダ仕立てでいただきます。

材料（2人分）

かぼちゃ …… 150g
クレソン …… 1束
オリーブオイル …… 適量

A
- 白ワインビネガー（酢でも可） …… 小さじ2
- 塩 …… 小さじ1
- こしょう …… 少々
- オリーブオイル …… 小さじ2

松の実 …… 大さじ1

つくり方

① かぼちゃは種を取り、1cm厚さに切る。クレソンは食べやすい長さに切る。
② ストウブにオリーブオイルを底から約1cm入れて中火にかけ、170℃に温まったらかぼちゃを入れ、返しながらこんがりと揚げる。
③ ②とクレソンを合わせ、よく混ぜたA、ローストした松の実を加えて和える。

かぼちゃのそぼろカレー煮

か

かぼちゃ

大きめに切ったかぼちゃにも均一に熱が伝わるので、
煮崩れせず、ほっくりと仕上がります。
カレーの風味が食欲をそそる一皿です。

材料（2人分）

かぼちゃ …… 300g
玉ねぎ …… 1/2個
鶏ひき肉 …… 150g
サラダ油 …… 少々
A
カレー粉 …… 大さじ1
ガラムマサラ（あれば） …… 小さじ1/2
酒 …… 大さじ1
水 …… 200mℓ
しょうゆ …… 小さじ1
塩 …… 小さじ1

つくり方

① かぼちゃは種を取り、5cm幅に大きめに切る。
② 玉ねぎはみじん切りにする。
③ ストウブを中火にかけ、サラダ油を入れて②を加えて炒める。
④ 玉ねぎが透き通ったら、鶏ひき肉を加えて炒める。
⑤ 全体に火が通ったら①、Aを加え、アクを取りながらひと煮立ちさせる。
⑥ ふたをして弱火にし、約10分煮て、しょうゆ、塩を加えて味をととのえる。

カリフラワーとペコロスの
バター焼き

少しの水分を加えるだけで、
野菜がふっくらと甘く蒸し上がるのがストウブのいいところ。
カリフラワーはやわらかすぎず、歯ごたえも楽しめます。

材料（2人分）

カリフラワー ····· 1/2株
ペコロス ····· 6個
バター ····· 20g
白ワイン ····· 50mℓ
塩 ····· 小さじ1
ローリエ ····· 1枚
黒粒こしょう ····· 少々

つくり方

① カリフラワーは小房に分ける。ペコロスは皮をむく。
② ストウブにバターの半量を入れて中火にかけ、溶けたら①を入れてじっくり炒める。
③ 白ワイン、塩、ローリエを加えてふたをし、弱火で約15分蒸し焼きにする。火を止め、残りのバターを加え、黒粒こしょうをふる。

point

カリフラワーに焼き色がつくくらいまで、動かさずに炒めてから蒸すと、香ばしく仕上がります。

arrange

ペコロスの代わりに玉ねぎ1個を6等分に切って入れ、同じように蒸してもOK。

“カリフラワー”の話

カリフラワーは一年中スーパーなどで購入することができますが、最もおいしくなるのは冬です。選ぶときは色が真っ白で、すき間が少なく、びっしりつまったものを選びましょう。

マッシュルームのオイル蒸し

コロコロとしたマッシュルームがかわいらしい仕上がりです。
余熱でやわらかくみずみずしく蒸し上げましょう。
レモンがさわやかに香ります。

材料（2〜3人分）

マッシュルーム ····· 20個
にんにく ····· 1/2片
オリーブオイル ····· 大さじ1
白ワイン ····· 50㎖
塩 ····· 小さじ1
レモン ····· 1/2個
レモン（薄切り）····· 2枚

つくり方

① マッシュルームはいしづきを取る。にんにくは薄切りにする。
② ストウブにオリーブオイルとにんにくを入れ、中火にかける。
③ 香りがたったらマッシュルームを加えてさっと炒め、白ワイン、塩を加えてふたをし、約5分蒸し焼きにする。
④ 火を止めてそのまま約5分おき、レモンをしぼり、薄切りのレモンをのせる。

“きのこ”の話

きのこは、洗うと風味が損なわれるので、洗わずに使います。汚れが気になる場合は、濡らしたキッチンペーパーなどで汚れをふき取りましょう。かさが開ききっていないもの、軸がしまっていて弾力があるものを選びましょう。マッシュルームはほとんど人工栽培で、一年中手に入れることができます。ブラウン、ホワイト、クリームなど色の違いはありますが、成分は同じです。肉厚で形がよく、軸が太くてしっかりしているものを選びましょう。

point

マッシュルームは煮すぎると旨みが逃げてしまいます。

えのきたけとちりめんじゃこのさっと煮

えのきたけから出た旨みがスープにたっぷり溶け込みます。
ちりめんじゃこは炒めて香りを引き出し、香ばしさを加えましょう。

材料（2人分）

えのきたけ …… 1束
ちりめんじゃこ …… 20g
長ねぎ …… 5cm
ごま油 …… 小さじ1
A
- かつお昆布だし（下記参照）…… 100mℓ
- 酒 …… 大さじ1
- しょうゆ …… 小さじ1
- 塩 …… 少々

白いりごま …… 適量

つくり方

① えのきたけはいしづきを取り、長さを4等分にする。長ねぎは小口切りにする。
② ストウブを中火で熱し、ごま油、ちりめんじゃこ、長ねぎを入れて炒め、香りがたったらえのきたけを加えてさっと炒める。Aを加えてふたをし、弱火で約6分煮る。
③ 器に盛り、白いりごまをふる。

かつお昆布だしの取り方（できあがり約500mℓ）

昆布5cm角1枚をかたくしぼった濡れぶきんでふき、水600mℓとともに中火にかけ、アクを取りながら煮る。昆布から泡がフツフツと出てきたら火を弱め、水50mℓ、かつお削り節5gを加えて約1分煮る。火を止めてそのまま3～4分おいてこす。

いろいろきのこと春雨のスープ

きのこが3種類入った食べるスープ。
ヘルシーでツルッと食べられるので、夜食にもぴったりです。

材料（2人分）

しいたけ …… 3枚
しめじ …… 50g
まいたけ …… 50g
玉ねぎ …… 1/2個
赤唐辛子 …… 1/2本
春雨 …… 10g
ごま油 …… 小さじ1
A
- 鶏ガラスープ …… 500mℓ
- 酒 …… 大さじ1
- しょうゆ …… 小さじ1/2

塩 …… 小さじ1
こしょう …… 少々
小ねぎ …… 2本

つくり方

① しいたけはいしづきを取り、5mm幅に薄切りにする。しめじ、まいたけはいしづきを取ってほぐす。玉ねぎは2mm厚さの薄切りにする。赤唐辛子は種を取り除く。
② 春雨はぬるま湯（分量外）につけて戻し、食べやすい長さに切る。
③ ストウブを中火で熱し、ごま油、①を入れて炒める。少ししんなりしたらAを加え、アクを取りながらひと煮立ちさせる。
④ ②を加え、ふたをして弱火で約8分煮る。塩、こしょうで味をととのえ、器に盛り、小口切りにした小ねぎをのせる。

キャベツと生ハムのワイン蒸し

キャベツを焼きつけて、表面はパリパリに香ばしく。
中はキャベツの水分を生かして蒸すので、みずみずしくなります。
生ハムの塩分がほんのり効いています。

材料（2人分）

キャベツ ····· 1/4個
生ハム ····· 150g
オリーブオイル ····· 小さじ2
白ワイン ····· 50mℓ
塩、こしょう ····· 各少々
粒マスタード ····· 適量

つくり方

① キャベツは2cm幅のくし形切りにする。
② ストウブを中火で熱し、オリーブオイル、①を入れる。
③ キャベツの両面に軽く焦げ目がついたら、生ハム、白ワインを加えてふたをし、弱火で約6分蒸す。
④ 塩、こしょうで味をととのえ、器に盛り、粒マスタードを添える。

point

キャベツを焼くときは、ギュッと押さえながら焼き色をつけましょう。キャベツからじんわりと水分が出て、甘みも増します。

千切りキャベツと卵のココット

水分を逃がさないストウブならではの、
キャベツの旨みを最大限に引き出した一皿。
卵を崩して、全体にからめていただきます。

材料（2人分）

キャベツ …… 1/3 個
玉ねぎ …… 1/2 個
ソーセージ …… 4 本
卵 …… 1 個
白ワイン …… 大さじ 2
塩 …… 小さじ 1/2
こしょう …… 少々
オリーブオイル …… 大さじ 1

つくり方

① キャベツは千切りにする。玉ねぎは2mm厚さの薄切りにし、キャベツと合わせる。
② ストウブに①を入れ、白ワイン、塩、こしょう、オリーブオイルをふり、ふたをして中火にかける。
③ フツフツとしてきたら、弱火にしてソーセージを加え、約3分蒸す。卵を落とし入れ、再度ふたをして約2分蒸し焼きにする。

まるごとキャベツとカリカリ豚の豆豉《とうち》ソース

まるごとストウブに入れてじっくり蒸したキャベツは、
本来のおいしさがよく分かります。
豆豉を加えることでコクが出て、ごはんがすすむ一皿に。

材料（2人分）

キャベツ（小）…… 1個
豚バラ肉 …… 150g
長ねぎ …… 1/3本
豆豉 …… 20g
しょうが …… 1/2片
にんにく …… 1/2片
ごま油 …… 小さじ1
酒 …… 大さじ2
しょうゆ …… 小さじ1
水 …… 100mℓ
塩 …… 小さじ1/2

つくり方

① キャベツは十字に切り目を入れ、たっぷりの水につけておく。
② 豚肉は1cm幅に切る。長ねぎはみじん切り、豆豉は粗めに刻む。
③ しょうがとにんにくはみじん切りにする。
④ ストウブにごま油、③を入れ、中火にかける。
⑤ 香りがたったら②を入れて炒め、酒、しょうゆを加え、汁けがなくなるまで炒めたらバットなどに取り出す。
⑥ キッチンペーパーなどでストウブの中を軽くふき、①、分量の水、塩を入れる。ふたをして中火で約10分蒸し、弱火にしてさらに約10分蒸す。
⑦ 竹串がすっと通るくらいにキャベツ全体がやわらかくなったら、⑤を戻し入れ、ふたをして約5分蒸す。

“キャベツ”の話

キャベツは、収穫される季節によってそれぞれ特徴があり、産地を変えながら一年を通しておいしいものが売られています。外側の葉が鮮やかな緑色で、切り口が新しくきれいなものが新鮮です。ずっしりとした重さがあるものが中までつまっています。

point

キャベツは最初に中火で10分蒸し、水分を出します。そのまま中火で加熱すると焦げてしまうので、弱火にし、出てきた水分でゆっくりとやわらかく蒸し上げます。

STAUB

ゴーヤとおかかのナムル

熱の伝わりがよいストウブでさっと炒めたゴーヤは、食感も軽やかに、
ほろ苦さも心地よく仕上がります。
にんにくの風味を効かせて、夏らしく元気の出る一皿に。

材料（2人分）

ゴーヤ ····· 1/2本
にんにく ····· 1/3片
ごま油 ····· 小さじ1
塩 ····· 小さじ1/2
かつお削り節 ····· 5g

つくり方

① ゴーヤはわたと種を取り、2mm厚さの薄切りにして15分水にさらし、水けをよく切る。にんにくはすりおろす。
② ストウブにごま油を入れ、強めの中火にかけ、ゴーヤを加えてさっと炒める。
③ 油がまわったら、にんにくと塩を加えて混ぜ、器に盛ってかつお削り節をかける。

point

ゴーヤのシャキシャキとした食感を生かすため、ふたをせずに炒めます。

arrange

ボリュームを出したいときには、ちりめんじゃこやひき肉を加えて一緒に炒めても。

“ゴーヤ”の話

近年は通年スーパーなどで見かけますが、味や栄養価が最もよいのは夏。独特の苦み成分は、夏バテ防止にも効果があります。ふっくらとして、緑色が濃く、表面につやがあるものが新しくておいしいものです。持ったときにずっしりと重いかどうかもおいしいゴーヤを見分けるポイントです。

ごぼうの梅煮

じっくり煮込んだごぼうは、梅干しの酸味とだしの風味が
中までよくしみ込んで、ほくっとやわらかく仕上がります。
何度も食べたくなる、くせになる味わいです。

材料（作りやすい分量）

ごぼう ····· 2本
梅干し（塩分15%くらいのもの）
····· 2個
みりん ····· 40㎖
かつお昆布だし
（p.24参照）····· 400㎖
しょうゆ ····· 少々

つくり方

① ごぼうは皮をこそげて、10cmの長さに切り、水にさらす。
② ストウブに①と梅干しを崩しながら入れ、みりん、かつお昆布だしを加える。
③ ふたをして中火にかけ、煮立ったら弱火にして約50分煮る。しょうゆを加え、火を止めてそのまま粗熱が取れるまでおく。

point

多めに作っても保存がきくので、常備菜としても活用できます。冷蔵庫に入れ、10日ほど保存可能です。

“ごぼう”の話

ごぼうの旬は11月～2月の冬ですが、春には新ごぼうと呼ばれる、やわらかく、香りがよいごぼうが出回ります。ごぼうは土がついたままのほうが長持ちするので、保存する予定がある場合はそのようなものがよいでしょう。ある程度太さがあるもののほうがよりおいしいです。

ごぼうと牛すじのトロトロ煮

鍋の温度を一定に保ちやすいストウブは、
肉の煮込みはおてのもの。大きめに切ったごぼうには、
牛すじの旨みが凝縮され、噛むとジュワッとあふれ出します。

材料（2〜3人分）

ごぼう …… 2本
牛すじ肉 …… 200g
しょうが …… 1片
長ねぎ（青い部分）…… 1本分
ごま油 …… 小さじ2
酒 …… 50mℓ
みりん …… 50mℓ
かつお昆布だし
（p.24参照）…… 400mℓ
しょうゆ …… 大さじ1
長ねぎ（白い部分）…… 10cm
七味唐辛子 …… 小さじ1/2

つくり方

① 牛すじ肉は、酒少々（分量外）を加えて沸騰させた湯で約8分ゆで、冷水で洗い、汚れを取る。食べやすい大きさに切る。

② ごぼうは皮をこそげて1cm幅の斜め切りにし、水にさらす。しょうがは千切りにする。

③ ストウブを中火にかけ、ごま油の半量としょうがを加え、香りがたったら水けを切ったごぼうと長ねぎの青い部分を入れる。

④ 全体に油がまわったら①、酒、みりんを加え、ひと煮立ちさせる。

⑤ かつお昆布だしを加え、アクを取りながら約20分煮て、ふたをして弱火で約30分煮る。

⑥ しょうゆを加えてさらに約20分煮て、器に盛る。

⑦ 長ねぎの白い部分は斜め薄切りにし、さっと水にさらして水けを切り、七味唐辛子と残りのごま油で和え、⑥にのせる。

小松菜のオイル蒸し

ストウブの力が一番発揮される、シンプルな調理法。
少しの水分で蒸し上げて甘みを引き出した小松菜は、
それだけで十分ごちそうになります。

材料（2人分）

小松菜 ····· 1/2 束
にんにく ····· 1/2 片
オリーブオイル ····· 小さじ 2
白ワイン（酒でも可）····· 大さじ 2
塩 ····· 小さじ 1/2

つくり方

① 小松菜は根元に十字の切り目を入れてよく洗う。にんにくはつぶす。
② ストウブににんにくとオリーブオイルを入れ、中火にかける。
③ 香りがたったら小松菜を入れ、白ワインを加えてふたをし、約4分蒸す。
④ 仕上げに塩をふる。

“小松菜”の話

小松菜は通年手に入り、アクが少なく、料理にとても使いやすい野菜です。緑が濃く、葉がシャキッとして元気なものを選びましょう。むき出しにしておくとすぐにしなびてしまうので、濡らした新聞紙などで包み、袋に入れて保存しましょう。

arrange

トーストしたフランスパンにオリーブオイルをぬり、小松菜と生ハム、パルミジャーノチーズなどと一緒に。オードブルとしてもぴったりの一皿にアレンジ。

STAUB
STAUB

キドニービーンズと かぼちゃのラタトゥイユ

全体にゆっくり火が通るストウブでコトコト煮て、
野菜も豆もふっくらやわらかく。
かぼちゃの甘みとトマトの酸味が絶妙に溶け合って、やさしい味わいに。

材料（作りやすい分量）

キドニービーンズ（ゆでたもの）
　····· 100g
かぼちゃ ····· 100g
赤ピーマン ····· 1個
玉ねぎ ····· 1/2 個
ズッキーニ ····· 1/2 本
トマト（大）····· 2個
にんにく ····· 1/2 片
オリーブオイル ····· 大さじ 1
トマトペースト ····· 大さじ 1
白ワイン ····· 大さじ 2
タイム ····· 2～3本
塩 ····· 小さじ 1
こしょう ····· 少々

つくり方

① かぼちゃは皮をところどころ切り落とし、2cm角に切る。赤ピーマン、玉ねぎ、ズッキーニは1cm角に切る。トマトはざく切りにする。にんにくは薄切りにする。
② ストウブにオリーブオイル、にんにくを入れ、中火にかける。
③ 香りがたったらキドニービーンズ、かぼちゃ、赤ピーマン、玉ねぎ、ズッキーニを加え、しんなりするまで炒める。
④ トマト、トマトペースト、白ワイン、タイムを加え、アクを取りながらひと煮立ちさせる。ふたをして弱火で約20分煮て、塩、こしょうで味をととのえる。

いろいろ野菜のレシピ ②

かぶとセロリの白いスープ

トロリと心地よく、なめらかなスープには、
かぶと玉ねぎの甘み、
セロリのほろ苦さがギュッと凝縮されています。
朝ごはんにもおすすめ。

材料（作りやすい分量）

かぶ …… 3個
セロリ …… 1/3本
玉ねぎ …… 1/4個
ごはん …… 80g
オリーブオイル …… 小さじ2
水 …… 300mℓ
白ワイン …… 大さじ1
豆乳 …… 300mℓ
生クリーム …… 50mℓ
塩 …… 小さじ1
こしょう …… 少々
セルフィーユ …… 適宜

つくり方

① かぶは葉を切り落とし、皮をむいて2cm角に切る。セロリ、玉ねぎは粗くみじん切りにする。
② ストウブにオリーブオイルの半量を入れて中火にかけ、①を入れて透き通るまで炒める。
③ ごはん、分量の水、白ワインを加え、アクを取りながらひと煮立ちさせる。
④ 弱火にしてふたをし、約8分煮て、火を止める。豆乳を加え、粗熱が取れたらミキサーでなめらかになるまで撹拌する。または別の器に移し、ハンドミキサーで撹拌する。
⑤ ④をストウブに戻し、弱火にかけ、生クリーム、塩を加えて味をととのえる。煮立つ直前に火を止める。
⑥ 器に盛り、残りのオリーブオイル、こしょうをふり、好みでセルフィーユをのせる。

スプラウトとれんこんの ひじき炒め

3種類のスプラウトと、シャキシャキのれんこんが好相性。
さっと炒めてふたをして蒸すだけですが、
短時間で全体に味がしっかりしみわたります。

材料（作りやすい分量）

ブロッコリースプラウト …… 1パック
貝割れ大根 …… 1パック
そばスプラウト …… 1パック
れんこん …… 100g
ひじき …… 15g
しょうが …… 1/2片
ごま油 …… 小さじ1
酒 …… 大さじ1
みりん …… 大さじ1
しょうゆ …… 小さじ1
塩 …… 少々

つくり方

① スプラウトは根元を切り落とし、手でほぐす。
② れんこんは皮をむき、2mm厚さに切って水にさらす。ひじきはたっぷりの水に約10分つけて戻し、水けを切る。しょうがは千切りにする。
③ ストウブを中火で熱し、ごま油、しょうが、水けを切ったれんこん、ひじきを入れて炒める。
④ 全体に油がまわったら、酒、みりん、しょうゆを加えて汁けがなくなるまで炒め、①を加えてふたをし、約1分蒸す。
⑤ さっと混ぜたら塩をふる。

STAUB
LA COCOTTE
STAUB

里いもの白味噌煮

保温性の高いストウブで煮ると、
中まで均一にふっくら、白味噌もよくなじみ、
こっくりとやさしい味わいになります。

材料（2人分）

里いも …… 8個
白味噌 …… 大さじ3
かつお昆布だし
（p.24参照）…… 400㎖
酒 …… 大さじ1
塩 …… 小さじ1
しょうゆ …… 小さじ1/4
青ゆず（ゆずでも可）…… 少々

つくり方

① 里いもは皮をむき、ストウブに入れ、かぶるくらいの水（分量外）を注ぐ。中火にかけて水から約10分ゆでる。
② ざるにあげ、冷水にさらし、ぬめりを取る。
③ ストウブを洗い、②、かつお昆布だし、酒を入れてふたをし、中火にかける。
④ 煮立ったら白味噌と塩を加え、弱火で約10分煮る。
⑤ しょうゆを加えて混ぜ、器に盛り、千切りにした青ゆずをのせる。

“里いも”の話

里いもは、産地によってさまざまな種類があり、旬もそれぞれ少しずつ違いますが、本来は秋が旬の野菜です。乾燥に弱いため、泥がついているもののほうがよいでしょう。ふっくらと丸みがあり、表面の縞模様がはっきりしているものがおすすめ。傷や芽があるものは避けましょう。冷蔵庫には入れずに、新聞紙などにくるんで冷暗所で保存しましょう。

さやいんげんと
カシューナッツの甘辛炒め

甜麺醤が効いた中華風のピリ辛のタレがよくからみ、
多めの野菜もぺろりと食べられます。
カシューナッツの歯ごたえと香りもアクセントに。

材料（2人分）

さやいんげん ····· 15本
カシューナッツ ····· 10～15個
玉ねぎ ····· 1/2個
赤唐辛子 ····· 1/2本
ごま油 ····· 小さじ1
A 甜麺醤 ····· 小さじ2
　酒 ····· 小さじ1
　しょうゆ ····· 小さじ1

つくり方

① さやいんげんは端を切り落とし、斜め切りにする。玉ねぎは2mm厚さの薄切りにする。
② ストウブにごま油を入れて中火で熱し、種を取り除いた赤唐辛子とカシューナッツを加えて軽く焦げ目がつくまで炒める。
③ ①を加え、玉ねぎが透き通るまで炒め、合わせたAを加えてからめる。

“さやいんげん”の話

さやいんげんは、6月～9月が旬の夏野菜です。スーパーなどでは一年中手に入りますが、夏場は流通量も多いため、価格も下がります。さやの色が鮮やかで、まっすぐなものが新鮮な証拠です。

ししとうの豆板醤煮

豆板醤やにんにく、しょうがを火にかけて、香り豊かに仕上げます。
くたっと煮たししとうはだしをよく吸い込んで、
噛むとジュワッと旨みがしみ出します。

材料（2人分）

ししとう ····· 20本
しょうが ····· 1片
にんにく ····· 1/2片
豆板醤 ····· 小さじ1
ごま油 ····· 小さじ1
かつお昆布だし
（p.24参照）····· 250㎖
みりん ····· 大さじ1
しょうゆ ····· 小さじ1

つくり方

① ししとうは茎を切り落とす。しょうが、にんにくはすりおろす。
② ストウブにしょうが、にんにく、豆板醤、ごま油を入れて中火にかける。
③ 香りがたったらししとうを入れて炒め、かつお昆布だしとみりんを加え、ひと煮立ちさせる。
④ しょうゆを加え、ふたをして弱火で約5分煮る。

“ししとう”の話

ししとうは一年中手に入れることができますが、日光をたくさん浴びて育つ夏が最もよい時期です。つやがあり、触るとほどよい弾力があるものが、辛みが強すぎずおいしいししとうの目安です。黒ずんでいたり、かたすぎるものは鮮度が落ちています。

じゃがいもと鶏手羽先の塩煮

じゃがいもは熱が均等に伝わるストウブで煮ると煮崩れしにくく、
ほっくりとした食感に。
鶏手羽先もやわらかく仕上がります。

材料（2人分）

じゃがいも（小。あれば
　新じゃがいも）…… 6個
鶏手羽先 …… 4本
長ねぎ …… 1本
かつお昆布だし
　（p.24参照）…… 600㎖
酒 …… 大さじ2
塩 …… 小さじ1と1/2

つくり方

① じゃがいもはよく洗う。皮はむかない。
② 鶏手羽先は流水で洗い、汚れを落としてキッチンペーパーなどで水けをふき、表面に2～3カ所切り目を入れる。長ねぎは斜め薄切りにする。
③ ストウブに①、かつお昆布だし、酒を入れ、ふたをして中火にかける。
④ 沸騰したら②を加え、アクを取りながらひと煮立ちさせる。弱火にし、約10分煮る。
⑤ 塩を加えてふたをし、さらに約10分煮る。

“じゃがいも”の話

じゃがいもは男爵、メークインなどさまざまな種類が売られています。春から初夏にかけて出回る新じゃがいもは皮が薄くてみずみずしく、皮ごと調理するのにぴったりです。皮が指ではがれるくらい薄いほうが新鮮です。

まるごとじゃがいものカマンベール蒸し

じゃがいもは皮つきのまま蒸し、旨みを閉じ込めてほくほくに。
カマンベールの塩けが、甘みを引き立てるので、
余分な調味料はいりません。

材料（2〜3人分）

じゃがいも（中）…… 5個
カマンベールチーズ
…… 1個（200g）
水 …… 100mℓ
塩 …… 小さじ1/2
オリーブオイル …… 大さじ1
こしょう …… 少々

つくり方

① じゃがいもはよく洗い、皮つきのまま十字に切り目を入れる。カマンベールチーズは6等分に切る。

② ストウブにじゃがいも、分量の水、塩を入れてオリーブオイルをまわしかけ、ふたをして中火で約15分蒸す。

③ カマンベールチーズを加え、ふたをして火を止め、カマンベールチーズが溶けたら、こしょうをふる。

薄切りじゃがいものガレット

薄切りにしたじゃがいもに焼き色をまんべんなくつけて、カリッと香ばしく。
中はふたをしてふっくら蒸し上げます。

材料（1枚分）

じゃがいも（中）…… 2個
バター …… 8g
オリーブオイル …… 小さじ1/2
塩 …… 小さじ1/4
こしょう …… 少々
セルフィーユ …… 適宜

つくり方

① じゃがいもは皮をむき、2mm厚さの輪切りにする。水にはさらさない。
② ストウブを中火で熱し、バターの半量とオリーブオイルを入れ、バターが溶けたら①を並べるように重ね入れる。
③ ふたをして約5分焼き、焦げ目がついたらフライ返しなどで裏返し、同様に焼く。
④ 残りのバターを入れ、塩、こしょうをふって器に盛り、好みでセルフィーユを添える。

point

じゃがいもはできるだけ均等な厚さになるように、ストウブに並べ入れます。丸くきれいに仕上げるために、端にも敷きつめましょう。

春菊の黒ごま和え

少量の水を加えてふたをして蒸し上げると、
春菊の独特の香りもまろやかになります。
すりつぶして風味を増した黒ごまとよく合います。

材料（2人分）

春菊 ····· 1束
黒いりごま ····· 大さじ2
水 ····· 大さじ3
塩 ····· 少々
しょうゆ ····· 小さじ1
てんさい糖（上白糖でも可）
····· 小さじ1/2

つくり方

① 春菊は根元のかたい部分を切り落とす。
② ストウブに分量の水を入れ、沸騰したら①と塩を加え、ふたをして約1分蒸してざるにあげ、冷水にさらす。
③ 水けをよく切り、食べやすい長さに切る。
④ すり鉢に黒いりごまを入れてすり、しょうゆ、てんさい糖を加えてなめらかになるまでする。
⑤ ③を加えて和える。

“春菊”の話

春菊は一年中手に入りますが、葉や茎がやわらかく、香りがよいのは冬です。鍋物には欠かせない野菜ですが、ごま和えやパスタの具にしてもおいしいです。緑が鮮やかで、茎が太すぎないものを選びましょう。葉が黄色く変色しているものは鮮度が落ちてしまっているので、早めに使いましょう。

ズッキーニのフリット

衣をつけたズッキーニは、ふたをして蒸し揚げにすることで
衣の中に水分が閉じ込められ、驚くほどみずみずしくなります。
ふわっとした食感もたまりません。

材料（2人分）

ズッキーニ …… 2本
紫玉ねぎ …… 1/2個
卵 …… 2個
薄力粉 …… 大さじ2
塩 …… 小さじ1
揚げ油 …… 適量
レモン …… 1/2個

つくり方

① ズッキーニは長さを半分に切り、縦に4等分する。紫玉ねぎは2mm厚さの薄切りにし、水にさらす。
② 卵は卵黄と卵白に分ける。卵白は角がたつまで泡立て、卵黄、薄力粉、塩を加えて手早く混ぜ、ズッキーニをからめる。
③ ストウブに揚げ油を底から約2cm入れて中火にかけ、180℃に温まったら、②を入れる。軽く焦げ目がついたら裏返し、ふたをして約2分揚げる。
④ 器に水けを切った紫玉ねぎとともに盛り合わせ、くし形切りにしたレモンを添える。

ズッキーニとミニトマトのクミン蒸し

彩りも夏らしく、目にも鮮やかな一品。
ハーブの香りをまとったズッキーニとミニトマトは、
水分が凝縮されてジューシーです。

材料（2人分）

ズッキーニ（細めのもの。黄、緑）
　…… 各1/2本
ミニトマト …… 6〜7個
にんにく …… 1/2片
クミンシード …… 小さじ1
オリーブオイル …… 大さじ1
レモングラス …… 3本
白ワイン …… 大さじ2
塩 …… 小さじ1

つくり方

① ズッキーニは1cm厚さの輪切りにする。ミニトマトはヘタを取り、半分に切る。にんにくは薄切りにする。
② ストウブににんにく、クミンシード、オリーブオイルを入れ、中火にかける。
③ 香りがたったらズッキーニ、ミニトマトとレモングラス、白ワインを入れてふたをし、約7分蒸し焼きにする。
④ 塩で味をととのえる。

スナップえんどうと
しょうがの蒸し炒め

最小限の調味料と水分で、スナップえんどうをふっくらと蒸し上げます。
密封性の高いストウブで蒸すことで、
しょうがの香りを逃がさず、メリハリの効いた味わいに。

材料（2人分）

スナップえんどう …… 20本
しょうが …… 1片
ごま油 …… 小さじ1
酒 …… 大さじ1
しょうゆ …… 小さじ1
塩 …… 少々
カシューナッツ（ロースト）…… 30g

つくり方

① スナップえんどうは筋を取る。しょうがは千切りにする。
② ストウブを中火にかけ、ごま油としょうがを入れる。
③ 香りがたったらスナップえんどうを加えてさっと炒め、酒、しょうゆ、塩を加えてふたをし、約3分蒸す。
④ 砕いたカシューナッツを加えて混ぜる。

“スナップえんどう”の話

4月～5月が旬のスナップえんどうは、1970年代にアメリカから入ってきた新しい野菜で、甘みが強いのが特徴です。さやに実がきちんとつまっていてふっくらしているもの、緑色が鮮やかで、表面に傷がないものを選びましょう。

STAUB

セロリのナンプラー蒸し

セロリの茎はナンプラーの風味をしみ込ませながら、しんなりとやわらかく。
最後に生のままの葉を加えて、フレッシュな香りもプラスします。
香菜を加えると、一気にアジア風な仕上がりに。

材料（2人分）

セロリ …… 2本
ごま油 …… 小さじ1
酒 …… 大さじ1
ナンプラー …… 小さじ2
酢 …… 小さじ1
かつお削り節 …… 5g
香菜 …… 適宜

“セロリ”の話

セロリは産地を変え、一年中収穫されている野菜。葉の色が青々とし、茎が太くてみずみずしいものが鮮度のいい証拠です。保存する場合は、葉と茎を分けておくと長持ちします。

つくり方

① セロリの茎は筋を取り、5mm厚さの斜め切りにする。セロリの葉はざく切りにする。
② ストウブを中火にかけ、ごま油を熱してセロリの茎を入れる。
③ 油がまわったら酒、ナンプラー、酢を加えてふたをし、約3分蒸す。
④ セロリの葉とかつお削り節を加えて混ぜる。好みで香菜をのせる。

arrange

セロリは鶏肉や海老との相性がよいので、一緒に蒸してボリュームをプラスすれば、主菜としてもいただけます。鶏肉などを加える場合は蒸し時間を少し長くし、様子をみながら調整してください。

STAUB
COCOTTE

そら豆の塩蒸し

そら豆のさやの水分を利用して蒸すので、
豆の旨みを外に逃がさずふっくらと蒸し上がります。
敷きつめた岩塩がゆっくりと溶け、ほどよい塩けがしみ込みます。

材料（2人分）

そら豆 …… 8本
岩塩 …… 大さじ3
水 …… 50㎖

つくり方

① そら豆はさやのまま流水で洗う。
② ストウブを中火にかけ、岩塩を敷いて①を入れ、分量の水をまわしかける。
③ ふたをして約6分蒸す。

arrange

岩塩に、バジルやタイム、クミンなどお好みの乾燥ハーブを加えて敷きつめると、ハーブの香りで洋風に。

“そら豆”の話

そら豆の旬は4月～6月。さやが鮮やかでつやがあるものを選びましょう。さやから出すと鮮度が落ちるので、さやのまま加熱するか、豆を取り出したら手早く調理するようにしましょう。

STAUB
STAUB

厚切り大根の昆布煮

弱火でじっくりと煮た大根は、ほくほくとやわらかく、
ほどよい歯ごたえも残っています。
水蒸気を外に出さずに煮るため、大根や昆布の旨みを逃がさず仕上がります。

材料（2人分）

大根 ····· 12cm
昆布（5×5cm）····· 1枚
酒 ····· 大さじ2
水 ····· 600mℓ
塩 ····· 小さじ1

つくり方

① 大根は3cm厚さの輪切りにし、皮をむいて面取りをし、片側に十字に切り目を入れる。昆布はさっと濡らし、汚れをキッチンペーパーなどでふき取る。
② ストウブに大根を入れ、かぶるくらいの水（分量外）を加えてふたをし、中火にかけ、約10分ゆでてざるにあげ、冷水にさらす。
③ 再度ストウブに酒、分量の水、昆布、②を入れてふたをし、中火にかける。
④ 沸騰したら塩を加え、弱火にし約30分煮る。

“大根”の話

大根の旬は、11月～3月くらいまでの冬の時期。手に持って重量感があるものが、みずみずしくて甘みが強い大根です。葉つきの大根はそのまま保存すると葉が根の水分を奪ってしまうため、切り分けて別々に保存しましょう。

大根となすのステーキ

焦げつきにくいストウブならではの、香ばしい和風野菜ステーキ。
火の通りが早いため、旨みを逃がさずに焼き上がります。

材料（2人分）

大根 …… 約7cm
丸なす（米なす、長なすなどでも）
…… 1個
サラダ油 …… 大さじ1
A
酒 …… 小さじ2
みりん …… 小さじ2
しょうゆ …… 小さじ1と1/2
すだち（輪切り）…… 少々

つくり方

① 大根は7～8mm厚さの輪切りにし、片面に格子状の切り目を入れる。なすも同様に輪切りにし、水にさらす。
② ストウブを中火で熱し、サラダ油、①を入れる。
③ 軽く焦げ目がついたら裏返し、Aを加えて汁けがなくなるまでからめ、器に盛り、すだちを添える。

千切り大根とはんぺんのさっと煮

千切りにした大根はシャキシャキと。
大根の旨みとだしが中までしみ込んだはんぺんは
ふわふわで、食感の違いも楽しい一皿です。

材料（2人分）

大根 ····· 250g
はんぺん ····· 1枚
かつお昆布だし
（p.24参照）····· 400㎖
酒 ····· 大さじ1
しょうゆ ····· 小さじ1
青ゆず（ゆずでも可）····· 少々

つくり方

① 大根は千切りにする。はんぺんは4等分に切る。
② ストウブにかつお昆布だし、大根を入れ、中火にかける。
③ 煮立ったら酒、はんぺんを加え、ふたをして弱火で約10分煮る。
④ しょうゆを加えてふたをし、約5分煮て器に盛り、すりおろした青ゆずをふる。

紫玉ねぎとムール貝のガーリック蒸し

ムール貝はふっくらと蒸し上がり、
紫玉ねぎには蒸し汁がたっぷりしみ込みます。
彩りも美しく仕上がり、おもてなしにもぴったりの一皿です。

材料（2人分）

紫玉ねぎ ····· 1個
ムール貝 ····· 6個
にんにく ····· 1片
オリーブオイル ····· 大さじ1
白ワイン ····· 50mℓ
塩 ····· 小さじ1
バター ····· 15g
レモン ····· 1/2個

つくり方

① 紫玉ねぎは2mm厚さに薄切りにする。にんにくは薄切りにする。
② ムール貝はたわしなどでよく洗い、殻についている海藻などははさみで取り除く。
③ ストウブににんにくとオリーブオイルを入れ、中火にかける。
④ 香りがたったら弱火にし、紫玉ねぎを加えてしんなりするまで炒める。
⑤ ②、白ワイン、塩を加えてふたをし、ムール貝の殻が開くまで約7分蒸す。
⑥ バターを加えて溶かし、レモンをしぼって器に盛る。

“玉ねぎ”の話

一年中、手軽に手に入れることができる玉ねぎは、身近な野菜のひとつです。持ったときにずしっと重く、かたくしまっているほうが、水分が多くみずみずしい玉ねぎです。紫玉ねぎは普通の玉ねぎより辛みや刺激臭が少ない品種です。サラダなど生で食べるのにも適しています。

arrange

ムール貝の代わりに玉ねぎと相性のよいあさりを加えても。

まるごと玉ねぎの塩蒸し

た

たまねぎ

玉ねぎは皮ごとストウブに入れて
玉ねぎの水分を閉じ込めながら蒸し上げると中までトロトロに。
玉ねぎの強い甘みを、少し加えた塩が引き立てます。

材料（2人分）

玉ねぎ …… 2個
オリーブオイル …… 大さじ1
塩 …… 小さじ1
酒 …… 大さじ1
水 …… 100㎖

つくり方

① 玉ねぎはよく洗い、皮ごと十字に切り目を入れる。
② ストウブを中火にかけ、オリーブオイル、①、塩、酒、分量の水を入れてふたをする。
③ 沸騰したら弱火にし、約15分蒸す。

スライス玉ねぎとベーコンのさっと蒸し

しんなりとするまで蒸した玉ねぎからは、
旨みがたっぷりのスープがあふれます。
ほどよく歯ごたえも残り、いくらでも食べられるおいしさです。

材料（2人分）

玉ねぎ ····· 2個
ベーコン ····· 200g
塩、こしょう ····· 各少々
ローズマリー ····· 2枝
酢 ····· 小さじ2
白ワイン ····· 大さじ2
オリーブオイル ····· 小さじ1

つくり方

① 玉ねぎは2mm厚さの薄切りにする。ベーコンは3mm幅に切る。
② ストウブに①を入れ、塩、こしょうをふり、ローズマリーをのせ、酢、白ワイン、オリーブオイルをまわしかける。
③ ふたをして中火で熱し、フツフツとしてきたら弱火にして約5分蒸す。

チンゲン菜と厚揚げのしょうゆ蒸し

チンゲン菜はシャキシャキの食感を残し、
厚揚げには旨みを吸わせて仕上げます。
焼き目をつけることで、香ばしさもプラス。

材料（2人分）

チンゲン菜 …… 2株
厚揚げ …… 1枚（200g）
しょうが …… 1/2片
ごま油 …… 小さじ1

A
かつお昆布だし（p.24参照）…… 50㎖
みりん …… 大さじ1
しょうゆ …… 小さじ1

つくり方

① チンゲン菜は縦に食べやすく切る。厚揚げはさっと熱湯をまわしかけて油抜きをし、一口大に切る。しょうがは千切りにする。

② ストウブを中火で熱し、ごま油、①を入れる。

③ 軽く焦げ目がついたら、Aを加えてふたをし、弱火で約3分蒸す。

“チンゲン菜”の話

中国野菜であるチンゲン菜は、一年中手に入り、アクも少なく、調理しやすい野菜です。葉は広く厚みがあり、茎は短めでふっくらしているものが甘みがあります。古くなると葉の色が薄くなり、黄味がかってきます。新鮮なうちに、シンプルに調理して食べましょう。

豆苗の香味蒸し

豆苗は余熱でさっと火を通し、
シャキシャキの歯ごたえを生かします。
すだちのさわやかな香りでさっぱりといただきます。

材料（2人分）

豆苗 ····· 1パック
しょうが ····· 1/2片
酒 ····· 小さじ2
塩 ····· 小さじ1/2
すだち ····· 1個
すだち（輪切り）····· 少々
黒いりごま ····· 小さじ2

つくり方

① 豆苗は根元を切り落とす。しょうがはすりおろす。
② ストウブに①、酒を入れてふたをし、中火にかける。
③ フツフツとしてきたら火を止め、そのまま1分蒸してからふたを開け、塩をふり、すだちをしぼる。器に盛り、すだちの輪切りをのせ、黒いりごまをふる。

“豆苗”の話

豆苗は、中国では古くから食べられている野菜です。日本ではさやえんどうやさとうえんどうなどのスプラウトが、豆苗として一般に浸透しています。選ぶときは、葉の緑色が濃いものがよいでしょう。根つきのものは、一度切って食べたあと、水につけておくと再度収穫できます。

とうもろこしの甘蒸し

とうもろこしがびっくりするほど甘く、ふっくらと蒸し上がります。
ゆでるより簡単にできるので、
旬の夏になったらぜひ試してほしいレシピです。

材料（2人分）

とうもろこし …… 2本
水 …… 50㎖
塩 …… 小さじ1

つくり方

① とうもろこしはさっと洗い、ひげ根ははさみで切る。
② ストウブに①と分量の水を入れ、ふたをして中火にかける。
③ フツフツとしてきたら火を止め、そのまま6分蒸す。皮をむき、塩をふる。

“とうもろこし”の話

夏から初秋にかけて収穫されるとうもろこしは、収穫するとすぐに糖分が逃げていきます。できるだけ早めに食べましょう。粒がすき間なくつまっていて、外側の皮は濃い緑、ひげ根はふさふさとたくさんついているものが新鮮です。

point

とうもろこしは皮がついたままストウブに入れることで、水分を閉じ込めるのと同時に焦げつきも防ぎます。オーバル型を使えば、そのまま入れることができます。

STAUB
STAUB

まるごとトマトのレモン蒸し

まるごと蒸し上げたトマトは色鮮やかで、形もきれいに蒸し上がります。
フォークを入れると、水分があふれ出すくらいジューシー。
レモンの酸味がトマトの甘みを引き立てます。

材料（2人分）

トマト（小）…… 5〜6個
レモン …… 1/2個
ナンプラー …… 小さじ2
水 …… 50㎖
オリーブオイル …… 小さじ1
香菜 …… 適量

つくり方

① トマトは洗い、ヘタを取る。レモンは5mm厚さの輪切りにする。
② ストウブにトマトとレモンを交互に並べ入れ、ナンプラー、分量の水、オリーブオイルをまわしかけ、ふたをして中火にかける。
③ フツフツとしてきたら弱火にして約5分蒸し、食べやすい長さに切った香菜を添える。

“トマト”の話

トマトは一年中手に入りますが、春から初夏にかけてのものは、日光をたっぷり浴びて甘みが増し、栄養価も高くなっています。さまざまな産地や栽培方法のものが売られているので、気に入ったものを見つけるのもよいでしょう。丸みと重さがあるほうが、新鮮でおいしいです。

ミニトマトとパセリのチーズオムレツ

た

トマト

卵にミニトマトをたっぷりと混ぜ、
ふっくら、ふんわりと焼き上げます。
野菜がたっぷりで、朝食にもぴったりです。

材料（2〜3人分）

ミニトマト …… 8個
玉ねぎ …… 1/2個
パセリ …… 4房
卵 …… 4個
ピザ用チーズ …… 30g
牛乳 …… 大さじ1
塩 …… 小さじ1/2
こしょう …… 少々
オリーブオイル …… 大さじ1

つくり方

① ミニトマトはヘタを取り、半分に切る。玉ねぎ、パセリはみじん切りにする。
② ボウルに卵を割り入れ、①、ピザ用チーズ、牛乳、塩、こしょうを加え、よく混ぜる。
③ ストウブを中火でよく熱し、オリーブオイルを入れて②を流し入れる。
④ さいばしなどでかき混ぜながら、4割ほどにかたまったら弱火にし、ふたをして約10分焼く。
⑤ まな板などをかぶせてストウブごと返し、再度鍋に入れて、ふたをし、約5分焼く。食べやすい大きさに切って器に盛る。

トマトとタコのやわらか煮

弱火でコトコトと、タコにじっくり味を煮含めながら、
やわらかく仕上げます。
トマトの酸味もまろやかになり、さっぱりといただけます。

材料（2人分）

トマト（大）…… 1個
にんにく …… 1/2片
玉ねぎ …… 1/2個
ゆでダコ …… 200g
オリーブオイル …… 大さじ1
ホールトマト（缶詰）…… 200g
白ワイン …… 50mℓ
トマトペースト …… 15g
塩 …… 小さじ1
こしょう …… 少々
イタリアンパセリ …… 4枝

つくり方

① トマトはざく切りにする。にんにくは薄切り、玉ねぎはみじん切りにする。タコは乱切りにする。
② ストウブににんにくとオリーブオイルを入れ、中火にかける。香りがたったら玉ねぎを入れ、透き通るまで炒める。
③ トマト、タコ、ホールトマトを崩しながら加える。白ワイン、トマトペーストを加え、アクを取りながらひと煮立ちさせる。
④ 強めの弱火にし、ふたをして約30分煮て、塩、こしょうで味をととのえて器に盛る。刻んだイタリアンパセリを散らす。

れんこんとベーコンのピラフ

ストウブで炊くごはんは、ぜひ試してほしいおすすめレシピ。
しっかり熱を閉じ込めて炊くので、お米はふっくら、
具はシャキッと仕上がります。

材料（作りやすい分量）

- れんこん …… 150g
- ベーコン …… 150g
- 玉ねぎ …… 1/2個
- セロリ …… 1/3本
- 米 …… 2合
- オリーブオイル …… 小さじ2
- A
  - 白ワイン …… 大さじ2
  - 水 …… 380㎖
  - 塩 …… 小さじ1
- こしょう …… 少々
- イタリアンパセリ …… 3枝

つくり方

① れんこんは3cm長さの拍子木切りにし、水にさらす。ベーコン、玉ねぎ、セロリはみじん切りにする。
② 米は洗い、ざるにあげる。
③ ストウブを中火にかけ、オリーブオイル、ベーコン、玉ねぎ、セロリを入れて炒める。
④ 透き通ったら②を加え、さっと炒めて水けを切ったれんこん、Aを加え、ふたをして強火にかける。
⑤ 煮立ったら弱火にし、約10分炊いて火を止め、15分蒸らす。
⑥ 仕上げにこしょうをふり、粗く刻んだイタリアンパセリをのせる。

STAUB

STAUB

たけのことしいたけの中華おこわ

鶏ガラスープで中華風に炊き上げた、もちもちのおこわ。
おこげも香ばしく、ついついおかわりしてしまいそう。
水分量や時間をしっかり守れば、失敗せずにふっくらと炊き上がります。

材料（作りやすい分量）

たけのこ（水煮）…… 150g
長ねぎ…… 1/2本
しいたけ…… 3枚
しょうが…… 1かけ
うるち米…… 1合
もち米…… 1合
ごま油…… 小さじ1
A
- 酒…… 大さじ2
- 鶏ガラスープ…… 330mℓ
- しょうゆ…… 大さじ1
- 塩…… 小さじ1/3

木の芽…… 適宜

つくり方

① 米は洗い、ざるにあげる。もち米はかぶるくらいの水につけて約30分おく。
② たけのこは7～8mm角に切る。長ねぎ、しいたけ、しょうがはみじん切りにする。
③ ストウブを中火にかけ、ごま油、②を入れて炒める。
④ 香りがたったら米と水けを切ったもち米を加え、さっと炒める。
⑤ Aを加えてふたをし、強火にかける。
⑥ 煮立ったらごく弱火にし、約20分炊いて火を止め、20分蒸らす。
⑦ 器に盛り、好みで木の芽を添える。

パプリカのリゾット

トロトロに煮込まれたパプリカの彩りが鮮やかなリゾット。
仕上げに加えたチーズがパプリカの甘みを引き立て、
濃厚なコクをプラスします。

材料（作りやすい分量）

パプリカ（赤、黄）….. 各１個
玉ねぎ ….. 1/2 個
セロリ ….. 1/3 本
にんにく ….. 1/2 片
米 ….. 1/2 合
オリーブオイル ….. 大さじ１
白ワイン ….. 大さじ２
水 ….. 400㎖
塩 ….. 小さじ１
パルミジャーノチーズ
….. 10 ～ 20ｇ
こしょう ….. 少々
黒こしょう ….. 少々

つくり方

① パプリカは７～８mm角に切る。玉ねぎ、セロリはみじん切りにする。にんにくはみじん切りにする。
② ストウブににんにく、オリーブオイルを入れ、中火にかける。
③ 香りがたったらパプリカ、玉ねぎ、セロリを加え、透き通るまで炒める。
④ 米は洗わずに加え、さっと炒め、白ワイン、分量の水を加え、木べらなどで混ぜながらひと煮立ちさせる。
⑤ 塩を加え、ふたをして弱火にし、約12分炊く。途中で一度ふたを開け、かき混ぜる。
⑥ 削ったパルミジャーノチーズとこしょうを加えて混ぜ、器に盛る。仕上げにオリーブオイル少々（分量外）をまわしかけ、黒こしょうをふる。

長いもの揚げ焼き

厚めに切った長いもは、外はこんがりときれいなきつね色に。
ふたをして水分を閉じ込めながら揚げ焼きにするので、
ほくほくとした食感になります。

材料（2人分）
長いも ⋯⋯ 200g
揚げ油 ⋯⋯ 適量
塩 ⋯⋯ 小さじ1
山椒粉 ⋯⋯ 小さじ1

つくり方
① 長いもはよく洗い、皮はむかずに約2cm厚さの輪切りにする。
② ストウブに揚げ油を底から約2cm入れ、170℃に温まったら、①を入れる。
③ 長いもの両面に軽く焦げ目がついたらふたをし、約3分揚げ焼きにする。器に盛り、塩と山椒粉をふる。

"長いも"の話

長いもは一年中手に入り、丸のままのものと、カットされてパックに入ったものが売られています。丸のままのものは、皮の色がきれいな肌色でつやがあり、太くてまっすぐなものを選びましょう。カットされたものは、切り口が白くみずみずしいものを選びましょう。変色しているものは鮮度が落ちているので、避けましょう。

point

油は少なめでも、両面に焦げ目をつけたらふたをして揚げ焼きにするので、しっかりと中まで火が通ります。

長ねぎと骨付き鶏の香味スープ

コトコト煮込んだ骨付き鶏とたっぷりの長ねぎから
旨みたっぷりのだしが出るので、調味料はほんの少しでOK。
立ちのぼる長ねぎの香りがよく効いています。

材料（2人分）

長ねぎ …… 1本
骨付き鶏（ぶつ切り）…… 300g
しょうが …… 1片
水 …… 500mℓ
酒 …… 大さじ2
塩 …… 小さじ1
こしょう …… 少々

つくり方

① 長ねぎは、青い部分を切り落とす。白い部分を10cm残し、斜め薄切りにする。残した白い部分は白髪ねぎにして水にさらす。しょうがは皮つきのまま薄切りにする。
② ストウブに長ねぎの青い部分、しょうが、分量の水、酒を入れ、中火にかける。
③ 煮立ったら鶏肉を加え、アクを取りながらひと煮立ちさせる。
④ 弱火にし、斜め薄切りにした長ねぎを加え、ふたをして約20分煮る。
⑤ 塩、こしょうを加えて器に盛り、白髪ねぎをのせる。

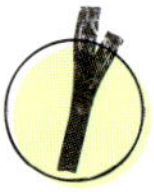

“長ねぎ”の話

長ねぎは旬の11月～12月にかけてが最も甘くおいしいものが流通します。白い部分がしまっていて弾力があり、きれいな色をしているもの、白と青い部分との境がはっきりとしているものがよいでしょう。

長ねぎのクリーム煮

さっと蒸した長ねぎに、ゴルゴンゾーラチーズの濃厚な風味が
意外なほどよく合います。長めに切って蒸し、長ねぎの甘みを
閉じ込めましょう。ワインにも合う一皿です。

材料（2人分）

長ねぎ（白い部分）…… 3本
にんにく …… 1/2片
オリーブオイル …… 小さじ2
白ワイン …… 50㎖
ゴルゴンゾーラチーズ …… 40g
生クリーム …… 200㎖
こしょう …… 少々
オレガノ …… 1本

つくり方

① 長ねぎは長さを4等分に切る。にんにくは薄切りにする。
② ストウブににんにくとオリーブオイルを入れ、中火にかける。
③ 香りがたったら長ねぎを加え、軽く焦げ目がつくまで炒める。
④ 白ワインを加え、弱火にしてふたをし、約10分蒸す。
⑤ ゴルゴンゾーラチーズと生クリームを加えてからめ、器に盛り、こしょう、刻んだオレガノをふる。

長ねぎとイカの酒蒸し

やわらかく蒸したイカに、たっぷりの長ねぎを
よくからめていただきます。
紹興酒を使うと中華風になり、ほんのり甘い香りも広がります。

材料（2人分）

長ねぎ（白い部分）…… 1本
イカ …… 1杯
しょうが …… 1/2片
ごま油 …… 小さじ1
紹興酒（酒でも可）…… 大さじ2
しょうゆ …… 小さじ1
小ねぎ …… 2本

つくり方

① 長ねぎは小口切りにする。イカはわたと軟骨を取り除き、1cm幅の筒切りにする。ゲソは切り込みを入れてほぐす。しょうがは千切りにする。
② ストウブを中火にかけ、ごま油としょうがを入れる。
③ 香りがたったら長ねぎを加え、しんなりするまで炒める。
④ イカと紹興酒を加え、ふたをして約2分蒸す。
⑤ しょうゆを加えてさっと混ぜ、器に盛る。小口切りにした小ねぎをのせる。

なすのごまだし煮

熱が伝わりやすいストウブでは、
短時間で仕上がるので色あいもきれいに。
トロッとしたなすに、白練りごまをたっぷりからめていただきます。

材料（2人分）

なす …… 4本
白練りごま …… 大さじ3
かつお昆布だし
（p.24参照）…… 500㎖
酒 …… 小さじ1
しょうゆ …… 小さじ1
塩 …… 小さじ1/3
みょうが …… 1個

つくり方

① なすは縦半分に切り、皮に斜めに細かく切り目を入れて水にさらす。
② ストウブに水けを切った①、かつお昆布だし、酒を入れ、中火にかける。
③ 煮立ったら白練りごまを加え、落としぶたをして約10分煮る。
④ しょうゆと塩を加えて弱火にし、さらに約10分煮て、火を止めてそのまま冷ます。
⑤ 器に盛り、千切りにしたみょうがをのせる。

“なす”の話

なすは一年中手に入りますが、本来は夏が旬の野菜です。秋なすと呼ばれる秋（晩夏から9月頃まで）に収穫されるなすは、身がしまっていておいしいものが多いです。選ぶときは、皮に張り、つやがあるものを選びましょう。持ったときに軽いものは、中がつまっておらず、スカスカでおいしくないものが多いので注意しましょう。

菜の花と油揚げのさっと蒸し

春を感じられる菜の花をさっと蒸して
ほのかな苦みを味わいましょう。
焦げ目をつけた油揚げの香ばしさが、仕上がりを軽やかに。

材料（2人分）

菜の花 ····· 150g
油揚げ ····· 1枚
ごま油 ····· 小さじ1
A
かつお昆布だし
（p.24参照）····· 100mℓ
酒 ····· 大さじ1
しょうゆ ····· 小さじ1
塩 ····· 少々

つくり方

① 菜の花は根元のかたい部分を切り落とす。
② 油揚げは熱湯をまわしかけて油抜きをし、5mm幅に切る。
③ ストウブを中火で熱し、ごま油、②を入れる。
④ 軽く焦げ目がついたら①、Aを加えてふたをし、弱火にして約5分蒸す。

“菜の花”の話

2月〜3月に旬を迎える菜の花は、手軽に季節を感じられる食材です。できるだけ花が咲いていない、つぼみがしまっているものがよいでしょう。茎の切り口が変色しているものは鮮度が落ちているので、中までみずみずしく、色が鮮やかなものを選びましょう。保存するときは、濡らした新聞紙などにくるんで冷蔵庫に入れましょう。

まるごとにんじんの塩バター煮

にんじんをそのままオーバル型のストウブに入れて、
色鮮やかに蒸し上げます。甘みが増し、ほどよい食感が残ったにんじんは、
それだけでごちそうになります。

材料（2〜3人分）

にんじん …… 1〜2本
ミニキャロット …… 6本
にんじんの葉（あれば）…… 適量
にんにく …… 1片
オリーブオイル …… 小さじ1
ローリエ …… 1枚
白ワイン …… 50㎖
塩 …… 小さじ1
バター …… 30g

つくり方

① ストウブにつぶしたにんにくとオリーブオイルを入れ、中火にかける。
② 香りがたったらにんじん、ローリエ、白ワイン、塩を加えてふたをし、弱火で約12分蒸し煮にする。
③ にんじんの葉、バターを加えてふたをし、火を止め、そのまま約5分おく。

point

普通のにんじんだけで作る場合は2〜3本、ミニキャロットだけで作る場合は7〜8本を目安にしてください。

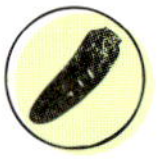

“にんじん”の話

にんじんは一年中手に入りますが、旬は秋から冬。甘みや栄養価が増す時期です。できるだけオレンジ色が濃いものがおすすめ。傷やひび割れがあるものは避けましょう。葉つきのものは、葉がしおれていないものを選びましょう。ミニキャロットはその名の通り小さなにんじん。甘みが強く、そのまま食べるのにも最適です。

STAUB
STAUB

千切りにんじんと切り干し大根のさっと煮

にんじんと大根の和風の煮物も、ストウブを使ってふっくらと。
保温性が高いので、火を止めても余熱で味がゆっくりしみ込みます。
お弁当のおかずにもぴったりです。

材料（2人分）

にんじん …… 1本
切り干し大根 …… 15g
かつお昆布だし
（p.24参照） …… 300㎖
酒 …… 大さじ1
しょうゆ …… 小さじ1
塩 …… 少々
白いりごま …… 小さじ2

つくり方

① にんじんは千切りにする。切り干し大根は軽くもみ洗いし、たっぷりの水に約10分つけて水けをしぼる。
② ストウブにかつお昆布だし、酒、①を入れ、中火にかける。
③ 煮立ったら弱火にし、しょうゆと塩を加えてふたをし、約10分煮る。火を止め、そのまま粗熱が取れるまでおく。
④ 器に盛り、白いりごまをふる。

point

にんじんはできるだけ細く切ると、食感もよくなり、味もしみ込みやすくなります。お弁当のおかずにする際にも、細めに切っておいたほうがつめやすいでしょう。切り干し大根にも鮮度があるので、買ったら早めに使いましょう。

arrange

豚肉の薄切りを食べやすく切って一緒に煮たり、あさりの水煮缶を加えて煮たりしてもおいしくいただけます。

白菜のゆず蒸し

白菜は根元だけ切ってストウブに入れ、
歯ごたえを残しつつ、やわらかく蒸し上げます。
ゆずの香りでさっぱりと、いくらでも食べられそうな味わいです。

材料（2人分）

白菜 ····· 1/4株
塩 ····· 小さじ1
酒 ····· 大さじ2
ゆず ····· 1/2個
青ゆず（輪切り。ゆずでも可）
····· 5枚

つくり方

① 白菜は根元を切り落とし、水にさらす。
② ストウブに軽く水けを切った①、塩、酒を入れ、ふたをして中火にかける。
③ フツフツとしてきたら弱火にし、約10分蒸す。ゆずをしぼり、輪切りのゆずをのせる。

“白菜”の話

鍋物に欠かせない白菜は、最もおいしい季節は冬。11月〜2月頃が旬です。買うときは、外側の緑色の葉がついたままのもので、葉が生き生きとしたものを選びましょう。白菜は切ってからも大きくなるので、切って売っているもので、芯がふくらんでいるものは時間が経っていて、鮮度が落ちている証拠なので注意しましょう。

STAUB
STAUB

白菜と豚の黒酢煮

白菜と相性のよい豚肉に、黒酢でコクをプラス。
白菜の水分を生かして、旨みを閉じ込めながら煮込みます。

材料（2人分）

白菜 …… 1/4株
豚ロース薄切り肉 …… 200g
かつお昆布だし
（p.24参照）…… 150mℓ
黒酢 …… 大さじ2
酒 …… 大さじ1
しょうゆ …… 小さじ1
塩 …… 小さじ1/4
香菜 …… 適宜

つくり方

① 白菜は長さを3等分し、縦に繊維にそって7～8mm幅に切る。
② ストウブに①、かつお昆布だしを入れ、中火にかける。
③ 煮立ったら豚肉、黒酢、酒を加え、アクを取りながらひと煮立ちさせ、弱火にしてしょうゆと塩を加える。
④ ふたをして約10分煮て器に盛り、好みで香菜をのせる。

白菜と干ししいたけのオイスターソース煮

白菜としいたけの旨みがたっぷりしみ出した食べるスープです。
しいたけの戻し汁も捨てずに加えて調味料が少なくてもしっかりとした味に。

材料（2人分）

白菜 ····· 1/6株
干ししいたけ ····· 4枚
ぬるま湯 ····· 200㎖
酒 ····· 大さじ2
オイスターソース ····· 大さじ1
しょうゆ ····· 小さじ1
ごま油 ····· 小さじ1
糸唐辛子（あれば）····· 少々

つくり方

① 白菜は横に1cm幅に切る。
② 干ししいたけはぬるま湯に約20分つけて戻し、3mm幅の薄切りにする。戻し汁はとっておく。
③ ストウブに①、②、干ししいたけの戻し汁、酒を入れ、ふたをして中火にかける。
④ 煮立ったらオイスターソース、しょうゆを加えてふたをし、弱火で約10分煮る。
⑤ 最後にごま油を加え、器に盛る。糸唐辛子をのせる。

ピーマンのまるごとマリネ

切らずにそのままストウブで蒸したピーマンの中には、
旨みが凝縮された水分がギュッと閉じ込められています。
素材の味をシンプルに味わえる一皿です。

材料（2人分）

ピーマン（緑、黄、赤）
　…… 合わせて8個
にんにく …… 1片
オリーブオイル …… 大さじ3
白ワイン …… 50 mℓ
白ワインビネガー …… 大さじ2
塩 …… 小さじ1

つくり方

① ピーマンは洗い、破裂しないように包丁で1カ所切り目を入れる。にんにくはつぶす。
② ストウブにオリーブオイル、にんにくを入れ、中火にかける。
③ 香りがたったらピーマンを加えて軽く炒める。
④ 油がまわったら、白ワインと白ワインビネガーを加えてふたをし、弱火で約5分蒸し焼きにする。
⑤ 塩で味をととのえる。

“ピーマン”の話

ピーマンは6月～8月が旬の夏野菜。色が濃く、ムラがないものを選びましょう。指で少しつまんだときに、弾力があるものが肉厚でジューシーです。カラーピーマンも同様に選びましょう。

ブロッコリーとアーモンドのオリーブ蒸し

色鮮やかに蒸し上がったブロッコリーは食欲をそそります。
ふたをして全体にからんだオリーブの塩けが、
ブロッコリーの甘みを引き立てます。

材料（2人分）

ブロッコリー …… 1株
オリーブ（緑）…… 13～15個
オリーブオイル …… 大さじ1
白ワイン …… 大さじ2
塩 …… 小さじ1/2
こしょう …… 少々
アーモンド …… 6個

つくり方

① ブロッコリーは小房に分け、水につける。
② ストウブに①、オリーブを入れ、オリーブオイルと白ワインをまわしかける。
③ ふたをして中火にかけ、フツフツとしてきたら2分加熱し、塩、こしょうと、粗くみじん切りにしたアーモンドを加える。

arrange

温かいままでも、冷やしてもおいしくいただけます。材料は1株分ですが、少し多めに作ってパスタの具にしたり、トマトと和えてサラダ仕立てにしても。

"ブロッコリー"の話

ブロッコリーは一年中安定して出回っている野菜ですが、本来は11月～3月頃が旬の野菜です。つぼみが小さく、粒がつまっているものを選んでください。色は鮮やかで、濃い緑色をしているものがよいでしょう。切り口が変色しているものは鮮度が落ちています。

STAUB
STAUB
STAUB

ほうれん草の梅和え

ほうれん草は少しの水分で蒸すことで、ゆでるより手軽で
栄養も逃がさずにいただけます。
梅のさっぱりした口当たりは、あと一皿ほしいときにもぴったりです。

材料（2人分）

ほうれん草 …… 1/2束
梅干し …… 2個
塩 …… 少々
かつお昆布だし
（p.24参照）…… 大さじ2
しょうゆ …… 小さじ1/2

つくり方

① ほうれん草は根元に十字の切り目を入れ、水につける。
② ストウブに水（分量外）を底から約2cm入れ、中火にかける。
③ 煮立ったら塩、①を加え、ふたをして約1分ゆで、冷水にとってざるにあげる。水けをよくしぼる。
④ 梅干しは種を取って包丁でたたき、かつお昆布だしとしょうゆを合わせて混ぜる。
⑤ ③を食べやすい長さに切って④で和える。または器に盛り、④をかける。

point

ほうれん草はゆでてアクを取ってから、梅干しなどと和えましょう。

“ほうれん草”の話

ほうれん草は冬の野菜です。11月～1月にかけてのものは色も濃く、甘みがあります。選ぶときは、緑色が鮮やかで、葉に厚みがあるものを選びましょう。乾燥に弱いので、濡らした新聞紙などで包んで保存すると長持ちします。

豆と豚肉の煮込み

具だくさんの煮込みは、豆やお肉、
野菜もたっぷりで食べごたえ抜群。
豆はふっくらとゆでて旨みを生かし、調味料は最低限に抑えます。

材料（2人分）

白いんげん豆…… 50g
ひよこ豆…… 50g
豚バラ薄切り肉…… 100g
じゃがいも…… 2個
玉ねぎ…… 1個
セロリ…… 1/2本
オリーブオイル…… 小さじ1
白ワイン…… 50mℓ
ローリエ…… 1枚
セロリの葉…… 2枚
塩、こしょう…… 各少々

point

豆は下ゆでしてから、他の材料とともにストウブで煮込みましょう。ふっくらとやわらかく仕上がります。

つくり方

① 白いんげん豆とひよこ豆はそれぞれかぶるくらいの水に浸し、一晩おく。
② ①をざるにあけ、鍋に入れる。かぶるくらいの水（分量外）を注いで中火にかけ、沸騰したら塩少々（分量外）を加えて弱火にし、やわらかくなるまで約25分ゆでて、ざるにあげる。
③ 豚肉は5mm幅に切る。
④ じゃがいもは皮をむいて1cm角に切り、水にさらす。
⑤ 玉ねぎ、セロリはみじん切りにする。
⑥ ストウブを中火にかけ、オリーブオイルを熱して③を入れ、表面に軽く焦げ目がつくまで炒める。
⑦ 白ワインを加えてフツフツとしてきたら、⑤、ローリエ、セロリの葉を加え、約30分煮る。
⑧ ②、④を加えて弱火にし、約20分煮る。塩、こしょうで味をととのえる。

もやしとあさりのさっと蒸し

相性抜群のもやしとあさりをさっと蒸すだけ。
もやしはシャキッと歯ごたえがあり、あさりにはふっくらと火が通ります。
旨みいっぱいのスープも、残さずにどうぞ。

材料（2人分）

もやし …… 1袋（100g）
あさり …… 150g
ごま油 …… 小さじ2
酒 …… 大さじ1
塩 …… 小さじ1/2
黒こしょう …… 少々
小ねぎ …… 3本

つくり方

① もやしはさっと洗い、ひげ根を取る。あさりは砂出しをする。
② ストウブに①、ごま油、酒を入れ、ふたをして中火にかける。
③ 煮立ったら弱火にし、約4分蒸してあさりの口が開いたら、塩、黒こしょうで味をととのえる。
④ 器に盛り、斜め切りにした小ねぎを散らす。

“もやし”の話

もやしは人工栽培なので、旬はありません。一年中安定した価格で買うことができます。茎が太くて白いもの、根に透明感があるものがおいしいもやしです。変色していたり、豆が落ちているものは鮮度が落ちています。パッケージの袋の空気がしっかり抜けているかどうかもポイントです。

レタスのレモン蒸し

レタスを入れてそのまま放っておくだけの
ストウブならではの簡単レシピ。
レタス1個がぺろりと食べられます。

材料（2人分）

レタス …… 1個
レモン …… 1個
オリーブオイル …… 小さじ2
水 …… 50㎖
塩 …… 小さじ1

つくり方

① レタスは芯をくりぬき、手で3～4等分にちぎる。
② ストウブにオリーブオイル、①、分量の水を入れ、ふたをして中火にかける。
③ フツフツとしてきたら、約2分蒸して火を止め、そのまま約2分おく。
④ レモンを半分に切ってしぼり、塩をふる。

“レタス”の話

レタスは季節に関係なく手に入ります。葉がみずみずしく、シャキッとしているものが新鮮です。持ったときに重みがありすぎると、葉がぎっしりつまりすぎていてうまくほぐせないので、適度なすきまがあるほうが使いやすいでしょう。乾燥に非常に弱いので、霧吹きなどで水をかけてから冷蔵庫で保存すると長持ちします。

STAUB

れんこんのホクホク蒸し

分厚く切ったれんこんは、口に入れると
サクッとほぐれるやわらかさです。
切ってストウブに入れてふたをするだけ、という手軽さもうれしい。

材料（2〜3人分）

れんこん ····· 400g
にんにく ····· 1片
A
- 水 ····· 50mℓ
- 白ワイン ····· 大さじ2
- ナンプラー ····· 大さじ1
- オリーブオイル ····· 大さじ1

つくり方

① れんこんはたわしで皮をよく洗い、3cm厚さの輪切りにして水にさらす。
② ストウブに①、皮つきのままのにんにくを入れ、Aを加えてふたをし、中火にかける。
③ 煮立ったら弱火にし、約15分蒸す。

“れんこん”の話

れんこんは正月のおせち料理で最も需要が高く、旬も11月〜２月の冬の時期です。選ぶポイントは、まず肉厚で、ふっくらと丸いものがよいでしょう。皮にもつやがあり、切り口が白くて穴が小さいものがおいしい証拠です。色が白すぎるものは漂白されている可能性があるので、避けましょう。

arrange

蒸したれんこんにチーズをのせ、再度ストウブに入れて中火で1〜2分、チーズが溶けるまで加熱します。チーズをソースの代わりにして、おつまみとしてもピッタリの一皿に。こしょうをたっぷりかけるのがポイントです。

STAUB
STAUB

薄切りれんこんとターツァイの揚げ焼き

薄切りにして、焼き目をつけるように揚げたれんこんは香ばしく、
ホクホク蒸し（p.118）やこしょう炒め（p.121）とはまた違った味わいです。

材料（2人分）

れんこん ····· 200g
ターツァイ ····· 1/2把
ごま油 ····· 大さじ2
A
　酒 ····· 大さじ1
　みりん ····· 大さじ1
　しょうゆ ····· 小さじ1
塩 ····· 少々
白いりごま ····· 大さじ1

point

れんこんはカリッと仕上げるため、ふたをせずに揚げ焼きにします。薄切りにしているのですぐに火が通ります。

つくり方

① れんこんは皮をむき、2mm厚さの薄切りにして水にさらす。ターツァイは根元の汚れをきれいに洗い流し、縦に2等分にする。
② ストウブを中火にかけ、ごま油を入れ、水けをよく切ったれんこんを加える。
③ れんこんの両面に軽く焦げ目がついたらターツァイ、Aを加えてふたをし、約1分30秒蒸す。
④ 塩で味をととのえ、器に盛って白いりごまをふる。

れんこんのこしょう炒め

少し甘めの味つけに、粗くつぶした粒こしょうがピリリと効いています。
シャキッとした食感も心地よく、箸がすすみます。
ビールのおつまみにもおすすめです。

材料（2人分）

れんこん ….. 300g
粒こしょう ….. 6粒
サラダ油 ….. 小さじ2
酒 ….. 大さじ1
みりん ….. 大さじ1
しょうゆ ….. 小さじ1
塩 ….. 少々

つくり方

① れんこんは皮をむき、1cm厚さの半月切りにして水にさらす。粒こしょうはすり鉢などに入れてすりこぎで粗くつぶす。

② ストウブを中火にかけ、サラダ油を入れ、水けを切ったれんこんを加えて炒める。れんこんのまわりが少し透き通ったら、酒、みりんを加え、ふたをして弱火で約5分蒸す。

③ 中火にしてしょうゆを加え、汁けがなくなるまで炒め、塩をふる。

④ 粒こしょうを加えてさっと混ぜる。

いちじくとオレンジのリキュール煮

夏みかんのシロップ煮

りんごのメープルバニラ煮

ベリーのスパイス煮

いちじくとオレンジのリキュール煮 （p122上）

トロッととろけるまでやわらかく煮たいちじくに、
オレンジのほのかな酸味がからみます。甘すぎずさっぱりとした
口当たりです。最後に加えるラム酒が、味に深みをプラス。

材料

いちじく …… 4個
オレンジ …… 1個
はちみつ …… 50g
レモン …… 1/2個
ラム酒 …… 大さじ1

つくり方

① いちじくは皮をむき、4等分に切る。
② オレンジは房から実を取り出し、①と合わせる。
③ ストウブに②を入れ、はちみつとレモンをしぼって加えて約10分おき、弱火にかける。
④ アクを取りながら約15分煮て、ラム酒を加えて火を止め、そのまま冷ます。

夏みかんのシロップ煮 （p122下）

さっぱりとさわやかな夏みかんのおいしさをそのまま味わえる一品。
煮込み時間を短めにして形を残すので、
冷蔵庫で冷やして、デザートとしてもぴったりです。

材料

夏みかん …… 3個
てんさい糖（グラニュー糖でも可） …… 100g
水 …… 300㎖

つくり方

① 夏みかんは房から実を取り出し、包丁できれいに薄皮を取り除く。
② ストウブに①を入れ、てんさい糖を加えて約10分おき、分量の水を加えて弱火にかける。
③ アクを取りながら約6分煮て、火を止めてそのまま冷ます。

りんごのメープルバニラ煮 （p123上）

水分を加えずにじっくりと煮込んだりんごは、
本来の甘みが十分に引き出されます。
歯ごたえも適度に残り、果汁があふれます。

材料

りんご（ふじまたは紅玉）
…… 2個
レモン …… 1/2個
レモン（輪切り）…… 2枚
メープルシロップ …… 大さじ4
バニラビーンズ …… 1/2本

つくり方

① りんごは皮をむき芯を取り、1cm幅のくし形に切る（紅玉の場合は皮はむかない）。
② ストウブに①を入れ、レモンをしぼって加える。レモンの輪切り、メープルシロップを加えてさっと混ぜ、約10分おき、りんごの水分が出てきたら、弱火にかける。
③ バニラビーンズは縦に切り目を入れ、包丁でこそげて実を取り出し、②に加える。
④ アクを取りながら約12分煮て、火を止めてそのまま冷ます。

ベリーのスパイス煮 （p123下）

たっぷりのベリーをコトコト煮込んで作る、ぜいたくなジャム。
濃厚な甘みの中にピリッとスパイスが効いて、
ちょっぴり大人の味わいです。

材料

ブルーベリー …… 200g
ラズベリー …… 80g
レモン …… 1/2個
てんさい糖（グラニュー糖でも可）
…… 100g
粒こしょう …… 4粒
クローブ …… 2粒
シナモンスティック …… 1本

つくり方

① ブルーベリー、ラズベリーはさっと洗い、ストウブに入れる。
② ①にレモンをしぼって加える。てんさい糖、粒こしょう、クローブ、シナモンスティックを加えてさっと混ぜ、約10分おく。
③ 水分が出てきたら弱火にかけ、アクを取りながら約15分煮て火を止め、そのまま冷ます。

野菜別
いちばんシンプルに食べる調理時間一覧

ストウブで野菜をさっと簡単に食べられる調理時間の目安を、一覧にしました。ストウブに分量の野菜とオリーブオイル（大さじ1）、塩（小さじ1）を入れて、ふたをして中火にかけて、表示の時間加熱してください。

あ			
アスパラガス	8本	そのまま	**8分**
枝豆	200g	そのまま	**3分**
オクラ	6本	そのまま	**2分**
か			
かぶ	2個	6等分のくし形	**5分**
かぼちゃ	150g	2cm厚さのくし形	**8分**
カリフラワー	1株	小房に分ける	**10分**
きのこ（好みのもの）	150g	ほぐす	**5分**
キャベツ	1/2個	ざく切り	**10分**
ゴーヤ	1/2本	3mm厚さの薄切り	**3分**
ごぼう	1本	5mm厚さの斜め切り	**10分**
小松菜	1束	そのまま	**3分**
さ			
里いも	4個	皮をむき、塩小さじ1で塩もみして水で洗いぬめりを取り、1cm厚さの輪切り	**10分**
さやいんげん	10本	そのまま	**8分**
ししとう	10本	そのまま	**5分**
じゃがいも	4個	2～4等分	**12分**
春菊	1束	そのままアクを取るために水に10分さらす	**5分**

ズッキーニ	2本	1cm幅の輪切りにし、アクを取るために水に10分さらす	8分
スナップえんどう	10本	筋を取る	5分
セロリ	1本	筋を取り、5mm厚さの斜め切り	5分
そら豆	8本	さやつき	6分

た

大根	1/4本	5mm厚さの薄切り	8分
玉ねぎ	2個	十字に切り目を入れる	15分
チンゲン菜	1束	そのまま	8分
豆苗	1パック	そのまま	2分
とうもろこし	2本	皮をむいて4等分	4分加熱し火を止めて2分おく
トマト	4個	そのまま	5分

な

長いも	150g	1cm幅の輪切り	10分
長ねぎ	1本	ぶつ切り	8分
なす	4本	1cm厚さの輪切りにし、さっと水にさらす	8分
菜の花	1束	そのまま	5分
にんじん	2本	そのまま	10分

は

白菜	1/4株	ざく切り	10分
ピーマン	4個	切り目を入れる	12分
ブロッコリー	1株	小房に分ける	5分
ほうれん草	1束	そのままアクを取るために水に10分さらす	3分

ま

もやし	1袋	そのまま	2分

ら

レタス	1個	ざく切り	3分
れんこん	200g	3mm厚さの薄切りにし、さっと水にさらす	6分

注意：長さがあってストウブに入らないものは切って入れます。その場合は加熱時間を短めにし、様子をみながら調整してください。

ワタナベマキ（サルビア給食室）

料理家。グラフィックデザイナーを経て、2005年より独立し、サルビア給食室を立ち上げる。旬の素材のおいしさを存分に生かした料理と、温もりのあるスタイリングが人気を集め、書籍、雑誌、広告などで活躍。著書に『サルビア給食室の園児のお弁当』（文化出版局）、『サルビア給食室　旬のおいしい野菜を丸ごと食べきるレシピ』（アスペクト）、『毎日使いたいサルビア給食室の果実酒・果実酢・ジャム・シロップ』（家の光協会）など多数。

料理、スタイリング	ワタナベマキ
撮影	公文美和
デザイン	野本奈保子（nomo-gram）
校正	夢の本棚社（伊藤めぐみ）
編集	株式会社童夢

撮影協力	ストウブ （ツヴィリング J.A. ヘンケルスジャパン） 0120-75-7155 http://www.staub.jp/
協力	デニオ総合研究所 www.deniau.jp/

ストウブだからおいしい野菜のレシピ

●協定により検印省略

著　者	ワタナベマキ
発行者	池田　豊
印刷所	日経印刷株式会社
製本所	日経印刷株式会社
発行所	株式会社池田書店 〒162-0851　東京都新宿区弁天町 43 番地 電話 03-3267-6821（代）／振替 00120-9-60072

落丁・乱丁はおとりかえいたします。

ISBN978-4-262-12994-5

1300009